A las puertas de Esmirna

Amauri Gutiérrez Coto

A las puertas de Esmirna

bokeh ✳

© Amauri Gutiérrez Coto, 2017

© Fotografía de cubierta: Néstor Armando Gil [wkshp], 2017

© Bokeh, 2017

Leiden, Nederland
www.bokehpress.com

ISBN 978-94-91515-81-1

Regresos

Regresos

I

Todas las ventanas están cerradas.
Las cámaras de la laptop, del teléfono y del *tablet*
han sido cubiertas adrede
ahora solo falta que salgas del baño sin ropa
y yo pueda decirte
      con voz muy baja:
          «ya estás aquí».

No quiero compartir con nadie este momento
lo deseo fuera de todo testimonio gráfico
tan desnudo de memoria como tu cuerpo y el mío
tan vacío de espectadores como este cuarto sin muebles.

Todo ha quedado fuera
nadie lo compartirá en Facebook o Instagram
no habrá ningún «me-gusta» o comentarios
ningún amigo lo compartirá en las redes.

No hay testigos, ni nada más, ni un pasado,
ni un deseo, ni expectativas, ni ropa íntima,
ni devenir, ni luces, ni nada en las paredes.

Me pedirás sábanas y una cama
pero solo tendremos
cuatro paredes,
un techo
y un piso.

Cuando ya estés aquí,
junto a mí,
ni siquiera tendremos estas líneas,
se me habrán olvidado.

Me imagino que nunca más romperás a sollozar
hace mucho dejaste de llorar
y ni siquiera te importará lo que diga o lo que piense
nunca vas a entender qué ha pasado
y por qué estamos aquí
juntos otra vez
desnudos
en un cuarto vacío.

II

Ven y siéntate en mis piernas
cuéntame qué nos pasó
cuándo fue que nos cansamos de dar vueltas
o recorrer todos los caminos
de Praga y del Cairo.

En qué momento decidimos
no sentarnos más a esperar por los aviones
a conocer a gente nueva
a reencontrarnos con los viejos amigos.

Cuándo decidí traerte junto a mí
y cuándo tú te viste sentado en mis piernas
junto al calentador en pleno invierno
mirando la calle desde la ventana.

Esta en mi nueva patria,
tú sentado en mis piernas.

III

Limpias las ánforas.
Sentado en la ventana
las frotas con un paño
sin que ningún genio
o ninguna ceniza
descanse dentro de ellas.

Azules y en colores
como envueltas en un mar
de flores y líneas entretejidas
mientras indios sentados o de pie
sostienen pipas y tabacos humeantes.

Azules y más azules
con tapas doradas y brillantes
que otrora atesoraron aromas hoy extintos.

Las ánforas entre tus manos
enormes, grandes,
medianas, pequeñas y minúsculas
mientras te miro desde la mesa.

IV

Al final, este ha sido el bosque para ti
y yo siempre lo veré como una consecuencia
o mi búsqueda secreta de toda tu maleza.
Enredaderas, yerbazales, troncos caídos
y devorados por el musgo de una humedad
que habita en cada esquina.

Tu bosque y mi jardín se han vuelto un mismo espacio
ese deseo de una selva virgen que todo lo devore
frente a los caminos bien trazados del jardín
flaqueados por lirios en delineada forma.

Sentado tú en mis piernas, veo un jardín
mientras nos conmueve el frescor de lo salvaje.

V

Ya no bebes láudano, ahora te tomas un café.
No fumas porque aspiras el aroma de la taza
la acercas a tu rostro y casi cierras los ojos.
Ya no te mueve el whiskey o el vino
ahora recorres por horas las tiendas
lees los *reviews* de los consumidores
comparas precios online y vuelves
triunfante a casa con tres bolsas de café.

Las telas de los filtros, la canela,
el chocolate, el cardamón, el anís
y mil aromas mientras otra vez te veo venir
sentarte en mis piernas y ofrecerme tu taza.

VI

Me da mucho miedo tocarte
de que se rompa esa seguridad
con la que eres dueño de todo
el mercado y mi cuerpo
lo anhelado o las comidas.

Te has apropiado de nuestra vida
y la posees sin que nada
deje espacio para alguien más.

VII

Miro la hora
y gasto ese último minuto
requerido en mi oficina
en salir hacia la puerta
cerrarla y caminar por el pasillo
si llegara alguien
en estos últimos 30 segundos lo vería
mientras espero el ascensor.

Bajo a la planta baja
y me apuro hasta el auto
ya sé que estás ahí
a la espera, como siempre.

VIII

No me digas que llueve
el silencio de siempre todo lo puede
otra vez regresa la elocuencia
entre botellas y copas junto al fuego
somos más locuaces al permanecer callados
el silencio es la más fluida de nuestras lenguas
ni el inglés
ni el español
ni el catalán
ni el italiano
pueden llenar mejor nuestros vacíos.

Si encuentras que
la lluvia ya no es suficiente
para terminar esta botella,
espera las nevadas
entonces ven
siéntate mucho más cerca.

IX

Llueve mientras escucho a Falete
quejas gitanas o moriscas
muy bajitas casi en silencio
pero algún día
también regresaremos allí
a los bares de Sevilla
o del Barrio Gótico o las ramblas
y te vas a sentar allí
donde trabajaste hasta deshoras
infinitas noches
y vas a pedir un trago
me vas a mirar con una sonrisa
no vas a decir nada
no hace falta.

Ojalá cada piedra en mi zapato
prenda en tu bolsillo las propinas
y me he olvidado del hastío de los bares,
de los grupos sonrientes
de rostros sombríos.
Las miradas se vuelven vacías
nadie las alcanza, ni las cercena
nada las llena, ni las oscurece.
Estoy cansado de todos los ojos
que me recorren en la brisa de verano
que se detienen en mi sudor
que me rehúyen la vista si les correspondo.

Los bares ya no existen en las pupilas
pero sí es posible hallarlos
entre el gentío ruidoso que los visita,
los desprecia, los minimiza,
los lleva a su expresión más sola.

X

Eres el dueño de todos los regresos,
de las medias vueltas, de las vueltas completas
de los ires y los adioses, de las miradas para atrás.

Todo eso posees y mucho más
pero no eres capaz de contestarme los mensajes,
de llenarme con palabras
tus desvaríos,
mis sinsentidos.

Ven y preña estos silencios
tráeme un poco de tu aliento de mariposas
transfórmate en poetisa más que en poeta
no te preocupes de lo impropio de las palabras
ensaya solamente una respuesta.

XI

Si en algún momento fuiste el visitante
ahora quizás deba llamarte el regresado
el que colma todos los rincones
de esta casa y las otras
de todas nuestras casas.

XII

Otra vez vienes conmigo a la iglesia
no a aquella secta protestante
en las afueras de La Habana
ahora me acompañas a *Our Lady of Lebanon*
atiendes con fruición cada palabra en árabe.
El servicio religioso se me hace infinito
cada vez que miro tu cara
y tu boca semiabierta
como cuando éramos jóvenes
y pinareños.

XIII

Ese primer rito en siriaco o en árabe,
ahora divina liturgia maronita,
y esa sangre remota de los ancestros
resuenan en los olores y en cada melodía
mientras sacudes levemente mi hombro,
como por descuido,
igual a las esposas más devotas
o a las amantes mujeres árabes.
Pero tú eres mi esposo
y, en medio de las miradas de los otros,
te sientas del lado de la esposa.

XIV

Los bacantes, sí,
los bacantes nunca fueron ellas
fueron el cortejo de tus amantes
te invitaron a infinitas cervezas
o te desnudaste para ellos
devoraron tu carne
royeron tus huesos
hasta limpiar el último de tus músculos
tal parece que no me han dejado
ni siquiera los rastrojos
pero esas migajas y esas sobras
me conforman.

XV

Ven conmigo a Roma,
a Nicosia y a Beirut
sentémonos con nuestros amigos judíos
los sunitas, los católicos caldeos y maronitas,
los chiítas, los ateos.

No te olvides de sentarte en mis piernas
frente a ellos, de servirme el vino con una sonrisa.
Tráeme el pan negro, la sal,
las aceitunas de las abuelas y unas ciruelas pasas.

Sírveme el té verde o el café en las mañanas.

XVI

Estos no son días de serpientes
ni de las emplumadas,
ni de las que empuñan cascabeles:
no las encontrarás en los estacionamientos
agazapadas entre los escalones
o mirando a través de las ventanas.

Tampoco son estos los días de los ojos de agua
tendidos como novias sobre el suelo
en provocativos bocabajos
mientras sentimos las miradas
por encima de nuestros hombros.

Son estos los días en que vienes
con muda pisada
a sentarte junto a mí
y establecer tu reino en el sofá.

XVII

Cuando el día termina,
reconozco la fuerte savia de tu madre
al ver dobladas mi pijama y mi camiseta
en una esquina de la cama.
De nadie más lo podrías haber aprendido.
Años de tradiciones
encima de la cama
doblados
mientras con falsa distracción, de espaldas,
buscas algo en las gavetas de nuestro cuarto
pero desde el espejo
sigues cada uno de mis gestos con cuidado.

XVIII

En los elevadores detenidos
a la salida de las casas de los amigos
durante los carnavales en un parque
frente a las playas
de día y de noche
bajo las literas de la beca
delante de todos los amigos
en los monumentos
junto a los héroes patrios
por todas las esquinas
y en todas las madrugadas
en Santiago
en Trinidad
en el entronque de la Coloma
en las guardarrayas
y por supuesto dentro de los baños
de la terminal
de la escuela
de los cines
del Coppelia.

XIX

De que el perro no salga a recibirme,
de decidirme a comprar un arma
y tenerla en la casa a mi alcance,
de los sicarios ocultos en las esquinas
que desean ser invitados a la casa,
de las serpientes
acechantes en los estacionamientos
en medio de la noche,
de que aparezcas desnudo en mi cuarto
que es realmente mi jardín de las delicias
pero para ti no es más que selva y matorrales,
de que los extraños me aborden a la salida de las tiendas
y yo no encuentre una manera de negarme a sus cortejos,
de que un día me llegue una noticia
diferente a la esperada por tanto tiempo,
de una invitación a comer o a un café
después de la cual me ofrezcas sexo,
tengo miedo.

El miedo a los que son como nosotros
y llegan en medio de la nada
con las manos vacías
y nos ofrecen
cigarrillos encendidos
y apagar la soledad de un solo golpe.

Nos paraliza

al vernos en el espejo de los otros
de los cualquieras
de los invisibles
de recordar el pasado entre risas.

Tengo miedo, las mujeres me desean,
abren los ojos, me sirven tragos,
me invitan a un café
pagan por él.
Los jóvenes morenos
también me invitan
temblorosos
y yo
mudo.

No me invites
no podemos bailar juntos
no puedo tocarte
con la punta de los dedos
no me llames «papi»
call me by my name
no respires en mi cuello
no me hagas sentir tu aliento.
Tengo miedo de tu espalda
y de esos shorts en la mañana.

XX

Sal, humedad, aire ausente,
carne sobre carne,
pérdida de la razón…
Él: «Oye, tocan a la puerta».
Y susurro: «¿Qué?, no pares»
y me encabrono:
«¿Quién cojones es?»
y él otra vez: «Si paras, te mato».
Y tú: «Machito, soy yo.
Tengo una culebra en el cuarto».
Risas… los dos mojados salimos
varones en toallas a la puerta
en medio de la promiscuidad,
el campo y la noche.
Te miro: «No me jodas».
«Te lo juro, por mi madre», me respondes
Y yo: «Papi, busca el bate».
Y tú: «Cálmate que eso es una culebrita».
Risas de los tres…
Salimos sudados en toallas.
«Voy a matarte, cabrona» —te susurro.

XXI

Enciende velas
en medio de esta oscuridad
sin remedio
ponle luz a estos momentos
llénalos de murmullos
nadie verá ni escuchará nada.

Acude frente al arco del alcázar
no te detengas frente a los espejos
no escuches nada
los muchachos de los reflejos
ahora otros están de pie
ante esos ojos de agua.

XXII

No bajaste de la Sierra Maestra
en ninguna caravana
tampoco te vestiste de miliciano
ni desde la base de El Mosquito
saliste por el Mariel rumbo a Miami.

No alfabetizaste en El Escambray
o peleaste en Cuito Cuanavale
para escaparte hacia París
después de la caída del Muro de Berlín.

No conociste La Habana de Machado,
ni la de Grau, la de Prío o la de Batista
como siempre estudiaste ruso
el sueño de Moscú fue para ti
las vacaciones de otros en New Jersey.

Llegaste tarde a todas las estirpes
a todos los motines, a los grandes repartos,
pero te sientas callado a la ventana.

XXIII

Vuelve a esta canción
a ese texto repetido
por más de un siglo
mastica cada palabra
los versos de Martí
cámbiales el género
no te olvides de lo que eres
un guajiro
guantanamero.

Ponte unos *jeans*
blancos y ajustados
siéntate en la barra
escucha a los muchachos
hablando en lenguas
como hacía tu abuelo
allá cerca de la Base
mientras se emborrachaba
con los marines
ahora tú también
estás a la espera de los jóvenes
con uniforme en un bar
acá en Philly
no necesitas
de los tragos extra de tu abuelo
puedes entregarte

por completo
al placer de los marines,
guajiro guantanamero.

XXIV

Nosotros, los otros,
nunca fuimos los mismos
ni nos preocupó la falta
de los espacios abiertos
o rombos sin sentido en las esquinas.

Nada de lo que hoy somos
viene de nuestra diferencia.
Ellos pululan por cada rincón
han llenado todos los resquicios
mientras vamos por las calles
invisibles, mudos, ciegos
pero escuchamos y vemos.
Nosotros, los otros,
nunca hemos estado aquí.

XXV

Canto a mi esterilidad
no para engendrar en una mujer
sino para que las semillas de mi cuerpo
prendan en el tuyo.

La ironía de tu propia
fertilidad vuelta árido cuerpo
cuando de mí te llega la simiente.

Somos dos cuerpos jóvenes
llenos de vida y listos para poblar
pero se nos niega la paternidad
de uno a otro, de mí sobre ti.

Ese placer de verte
con antojos y en bata de casa
mientras llevas en ti a nuestro hijo.

Por eso, canto, sí, al hombre estéril.

XXVI

Muchacho cojo
con rodillas llenas de metales
de doloroso contoneo
la gracia de tus años mozos
no se apaga.

Esas caderas,
ahora molinos,
cuevas dentadas,
son motivo de pánico
de entregas infinitas.

A cada paso
tu cuerpo oscila
como preñado
por todos tus metales.

XXVII

Tatuaje en tu piel blanca.
Versos escritos para ser tatuados sobre la blanca piel
no de los inviernos sino de tu espalda,
tu torso, tus brazos
como negras líneas
sin principio ni fin,
escritas en lenguas y alfabetos
que pocos entiendan aquí,
versos en cirílico o en arameo antiguo,
sánscrito, euskadi, maya, aimara, cantonés, koreano.

Quiero llenar tu blanca piel de garabatos
practicar la escritura de antaño
aprendida en mis clases.

Quiero alzar el trazo sin sentir que me falta espacio
déjame llenarte de todos los saberes
déjame cubrirte con miles de dialectos.

XXVIII

Este será el segundo o el tercero
o quien sabe cuál
de todos los posibles himeneos.
Ya superas los cuarenta,
«flor en mano, escondido detrás de un árbol»
tal parecería que no hay espacio en ti
para ese pueril gesto.
No estás a la espera de una novia
pero esa sonrisa es la misma de antaño.
Tratas de recrear un poema
escrito en un idioma extranjero
y que te fue leído en mal inglés.
Si alguna vez creí en la muerte del rubor,
esa idea cambió esta tarde con tu «flor en mano».

XXIX

Como en si fuera un nuevo Diario
de un poeta recién casado,
emborrono páginas en blanco.
No seremos más esposa y esposo,
seremos solo los esposos,
pero no importa, con solo verlos,
ya sabrás quién empuña a diario la sartén
o quién le pone gasolina a los coches.
El género gramatical desaparece
—esposo y esposo, digo—
pero los roles ancestrales
se dibujan en los rostros
de los otros cuando nos miran.
Las pesadas cargas de antaño
se esconden entre las alas de las mariposas.

XXX

Mi esposo y yo hablamos por Skype
en medio del bullicio del bar
pido la tapa incluida en mi caña
y trato de explicarle en otra lengua
por qué los señores preñados de canas
repiten a coro «quizás, quizás, quizás»
mientras juegan a las cartas
but are you in a gay bar?
Le explico que no
que sus tragos vienen en copas
—tal vez demasiado elegantes—
pero eso no implica *a queen behavior*
ellos solo juegan a las cartas
como podían haber seleccionado
el dominó para esta tarde.

Como es posible asomarse a un mundo
y explicar por qué todo es tan ruidoso
because that is so rude
y las preguntas infinitas
para las cuales no encuentro respuesta
who is that guy in the picture?
Is he a baseball player?
Y yo me precipito sobre *google translator*
para ver qué palabra se usa para torero en inglés
y él me dice que es hora de irse al trabajo
pero debo estar en línea a las 4 am

cuando regrese porque tiene más preguntas.
Because I cannot understand where you are.

XXXI

Te reescribo, Patriarcado, entre mis sábanas.
Entre los blancos oropeles, bordo letras
mientras varón sobre varón,
un macho arriba de otro macho,
o quizás no tan macho
o quizás macho solo como pretensión
o performance o posibilidad trucada
entre líquidos mezclados,
mi caligrafía se vuelve cada vez
más firme, menos férrea.

Las letras, las sílabas, los versos,
las estrofas, los poemas
se suceden sobre el lino
de estas sábanas
revueltas.

XXXII

Visitamos nuestro pasado en ruinas
ansiando el regreso a un infinito presente.
No son griegas o etruscas,
se vuelven nuestras contemporáneas
las habitan algunos de los amigos de siempre.

Otros las ignoran en medio de su rutina
para estos últimos son invisibles.
No hay lugares remotos para ellos
ni churre impregnado en el presente,
máculas que viajan aferradas las fronteras
sin pasaporte necesario
o declaraciones de aduana
que repetidas duchas nunca borran.

Ruinas que no hablan del pasado
sino de un día a día irremediable
invaden la mente,
los poros,
los regresos,
el ruido callejero
y los ancianos
deambulantes.

XXXIII

Aunque estés tú aquí llenando nuestra casa,
siento que la soledad está
en todos los rincones,
en el café, en el balcón abierto,
en la luz de la lámpara y sobre la mesa.
No se esconde, se ha adueñado de nuestra casa.
Cada llamada telefónica que recibo es suya,
cada email, cada *post* en mi perfil de Facebook,
cada *like*, cada recuerdo de los *chats* vacíos
en los sitios de ligue,
cada palabra que escucho es suya.
Ella solo busca que no la olvide
que la sepa pintada de todos los colores.
Si me preparo una ensalada, es para dos.
Si me hago café,
es un café para ser tomado con ella.
La siento como la causa de mi propia esterilidad.
Siento que nada puedo hacer contra ella,
a pesar de tu presencia
enseñoreando la casa,
ha llegado para quedarse,
hacer pan casero,
cocinar postres,
y acompañarme siempre.

XXXIV

Sentémonos a ver fotos viejas
una docena de amigos en el papel
a los que nunca conocimos en persona
a excepción de las mujeres
ellas son las verdaderas sobrevivientes
siguen en su sitio
sentadas sobre otras rodillas
cubiertas de arrugas.

Todos los ausentes
no lo están de la memoria
en cada foto en blanco y negro
ellos son parte de un pasado mudo
que no vivimos
y nos duele en cada rostro y sus sonrisas

Solo ellas están preñadas de sobrevida.

XXXV

No puedo decir «sin patria vivo»
tengo una debajo de mis pies para siempre
tengo otras, las de mis abuelos,
generosas y ofrecidas,
tengo una gaveta que se llena
de pasaportes y documentos
y no extraño el malecón
o el acento de mis coterráneos.

La última vez que visité mi matria
—no puedo llamarla patria,
ya no es más mi paternal soporte—
esa última vez, estallé en llanto,
no por el deseo, no por la tierra o mis padres
por el pasado perdido para siempre.
Ese enorme apetito por el pasado
parece haber vaciado el presente
para siempre.

Los muchachos de La Habana de hoy,
como nosotros algún día,
esperan el autobús
mientras comparten un par de cervezas
entre nueve de ellos.
Unos duermen sobre las mesas
otros sientan a sus novias en las piernas
hablan de los profesores

de las clases, de sus lecturas
y los miro como mi pasado
como nosotros que ahora
desde París, Barcelona, New York City,
Miami, Las Palmas, Montreal o Easton
nos reunimos en *facetime*
un viernes en la noche
para una cerveza o un whisky.

Ya nadie trae una guitarra
nadie tararea las canciones
el imperativo es qué hacer con los muchachos
que corretean frente a las cámaras y escandalizan,
si se cambia el horario,
entonces se habla en silencio
como si un agente del Estado cubano
estuviera presente
pero se trata de no despertar a la familia.

La patria es nuestra cama
distinta siempre con cada mudada
sin apegos a nada la cambiamos
una vez que, nueva o usada,
llega al sitio en que pasaremos las noches,
se vuelve el padre de todos los descansos.

Vamos a comprarnos
otra patria
ven conmigo
probémoslas
hasta que me mires

de ese modo
definitivo.

Lo único que se mantiene
en todas nuestras patrias
es ese dibujo tuyo en la pared
de cada ciudad a donde vamos.

Patria es la cama, tu dibujo
y nosotros dos.
Patria de domingo en la mañana
café de Sumatra
o debería ser café «Cubita»
y tostadas francesas
o debería decir torrejas
suave música de Vivaldi
en vez de las contradanzas de Cervantes
y no habrá ni una palabra en español
en todo el desayuno
que es en realidad un *brunch*.

XXXVI

Cada uno de mis amantes son uno mismo
no importa su procedencia, su raza, su apariencia,
su fe, su ocupación o su forma de bailar.
Pinareños, habaneros, guantanameros,
Philadelphians, o *Newyorkers*.

Todos mejoran con los años
la memoria los confunde.
Se trata de un único novio,
una exclusiva pareja monógama,
a la que todos pertenecen.

Si nunca he estado solo,
es por cada uno de ustedes
o solo por ti.
Novios
en el recuerdo,
en los regalos,
en los lugares,
en las mañanas
o en las tardes.

Parias

Ocultos dedos en las sombras

I.

Encuentro los ocultos dedos en las sombras
mientras esperas por tu oportunidad
para quitarte la vida y descansar del peso
de las opiniones de tu padre, de tus esposas,
de tus hijos, de tus jóvenes amantes,
de tus compañeros de trabajo, de los imanes,
de los amigos de la infancia, de tus vecinos,
de la cajera de la tienda,
de los judíos o los cristianos que caminan por la calle.
Todos ellos susurran voces superpuestas en tu cabeza
amas tus suras igual que amas a los muchachos
que saltan desnudos sobre tu espalda peluda.
Decidiste no sobrevivir ni a los otros
ni a ti mismo, ni a tu presente, ni a tu pasado.
Sabes que nunca podrás llevar camisas rosadas,
nunca tomarás Margaritas o *Bloody Marys*,
tampoco te romperás la vida en gimnasio
para presumir de tus músculos frente a los más jóvenes.
También estás consciente que vas a sentir la hora del rezo
con la misma sensación de hambre
con que sientes la necesidad de un desayuno,
un almuerzo o una cena.
No puedes abandonar la comida de tus padres
pero tampoco controlas tu deseo por los muchachos.
Ninguna de tus esposas va a llenar ese deseo de varón
o el roce de una barba en tu nuca.
Los muchachos de Pulse en medio de la balacera

mientras pernocto sentado en los aeropuertos,
ellos se esconden bajo las mesas, tratan de escapar,
al tiempo que unos llaman al 911
y otros les textean a sus madres o sus amantes.
La bachata de fondo sigue sonando
junto al sonido de las balas y los gritos
pero ya nadie está bailando.

II.

Al día siguiente,
me siento en el deber de sentarme en un bar
tomarme una cerveza,
mirar las fotos de los jóvenes muertos,
leer las noticias,
y escuchar testimonios en mi cell.
Simon Says en Cincinnati está casi vacío
con inquietud en cada una de las pocas caras
nadie decide poner música
mientras en las teles pasan las noticias.
La misma borracha de todas las noches
de varoniles gestos y arrogancia viril
ahora se sumerge en su *Jack Daniel's*
sin la cara festiva de otras noches
todavía en uniforme de trabajo.
Grindr dice *we stand with Orlando* en sus *pop-up-ads*
y varios usuarios agregan un *twitter hashtag*
en sus *headline's profile #pray4orlando*
muchos están online pero nadie habla.
Todos llevan el terror en el rostro.

III.

No extraño las disciplinas y los cilicios
cuando te acuestas sobre mí
hay en tu posesión ese mismo deseo
el placentero dolor de mi devoción
por el verdadero esposo
y tú que realmente
no eres más que mi amante
ese con quien traiciono al dueño
de mi cuerpo y de mis días.

De la misma manera
él no debió aplacar
la debilidad de los ayunos
mientras jugueteaba con *Grindr*.

Desde la fe escrita en nuestro cuerpo
el sexo como se vuelve disciplina
hace de cada uno de nosotros
un sobreviviente de Orlando.

IV.

Juan Manuel recibe muchos textos
los ignora, como hace con cada *blank profile*,
no se molesta en pedir fotos o estatus.
Recibe cada día varios mensajes
del mismo usuario
Hi, Hey, Horny, Sup Bro,
What's up, What r u up to,
How is it going?
Handsome, Top?, Looking?
Después de varios días
ese mismo perfil cambia su *headline*
varias veces en las últimas semanas
y continúan las líneas vacías
hasta que aparece un nombre «Omar»
y las fotos de unas piernas peludas.
Por primera vez,
Juan Manuel responde algo
Do u speak Spanish?
porque esas piernas te recuerdan
ese muchacho de Caguas,
tu vecino siempre descamisado,
gritón y peleonero.
¿Será él? Piensas
con su deseo sobre tu nuca
pero no es ese Omar sino otro.
Por si las dudas,
le pides otra vez una foto

y él no para de enviar
imágenes sin rostro
acompañadas de siglas
que bien conoces:
DL here.

V.

Llegas con una *taqiya* al bar
y, aunque te sientes en las esquinas,
sientes todos los ojos sobre ti.
No sabes cómo vivir sin usarla:
las usas desde tu infancia
es una parte de ti mismo.
Te propones quitártela
cuando vas por una cerveza
pero siempre se te olvida
y una vez dentro lo recuerdas
y entonces te parece raro
quitártela en frente de todos.
Traición de tus instintos.

VI.

Y le haces ponerse velos
negros como sus ojos
mientras esconde su barba
y te muestra su cuerpo
de varón a varón.

VII.

Stanley Almodovar III
Amanda Alvear
Oscar A Aracena-Montero
Rodolfo Ayala-Ayala
Antonio Davon Brown
Darryl Roman Burt II
Angel L. Candelario-Padro
Juan Chevez-Martinez
Luis Daniel Conde
Cory James Connell
Tevin Eugene Crosby
Deonka Deidra Drayton
Simon Adrian Carrillo Fernandez
Leroy Valentin Fernandez
Mercedez Marisol Flores
Peter O. Gonzalez-Cruz
Juan Ramon Guerrero
Paul Terrell Henry
Frank Hernandez
Miguel Angel Honorato
Javier Jorge-Reyes
Jason Benjamin Josaphat
Eddie Jamoldroy Justice
Anthony Luis Laureanodisla
Christopher Andrew Leinonen
Alejandro Barrios Martinez
Brenda Lee Marquez McCool

Gilberto Ramon Silva Menendez
Kimberly Morris
Akyra Monet Murray
Luis Omar Ocasio-Capo
Geraldo A. Ortiz-Jimenez
Eric Ivan Ortiz-Rivera
Joel Rayon Paniagua
Jean Carlos Mendez Perez
Enrique L. Rios, Jr.
Jean C. Nives Rodriguez
Xavier Emmanuel Serrano Rosado
Christopher Joseph Sanfeliz
Yilmary Rodriguez Solivan
Edward Sotomayor Jr.
Shane Evan Tomlinson
Martin Benitez Torres
Jonathan Antonio Camuy Vega
Juan P. Rivera Velazquez
Luis S. Vielma
Franky Jimmy Dejesus Velazquez
Luis Daniel Wilson-Leon
Jerald Arthur Wright

VIII.

Soy cristiano, maronita ahora, de rito romano antes,
con un obsesivo comportamiento sobre el alcohol ahora.
Si manejo una milla, no pruebo ni una gota
me encanta eso sí, un *Gentleman Jack* o una *Guinness*.
Por eso cuando me siento en el bar,
con mi barba abundante y mi cara de moro
y pido una cerveza sin alcohol
puedo sentir la reacción
en sus vellos y el terror de la adrenalina
que se deposita en sus forúnculos.
Cada *bartender* reacciona igual,
no importa donde me encuentre
mi acento en inglés, mi cara
y esa cerveza sin alcohol
es suficiente para sentirme culpable
de mis ancestros, mi sobrina,
su esposo, mi cuñado y su familia
o de mí mismo por no pedir un trago con alcohol.

Cuando todos hayan muerto

A David W. Foster y Jesús Barquet

Cuando todos hayan muerto,
no sé si podré cargar el peso
de tanto Mar Muerto a mis espaldas.
Quién sabe si alcanzaré a sentarme
a disertar de los días pasados
o de los escombros que posan sagrados
frente a las miradas venideras.

Cuando se hayan marchado
los poseedores
de la patria en sus entrañas,
en sus cerrados puños,
dudo si llegaré a darles
a los postreros moradores de las islas
aquello que hoy esperamos
de los que nos preceden.

Siento que el futuro
se me aviene
sin estar listo,
sin ser capaz,
sin poder volverme a preguntar.

Todos ustedes
los maestros de hoy

me dejarán solo
parloteando
dando la impresión
de una seguridad
que no poseo
y no sé si tendré.

No me dejen solo,
acompáñenme,
no me suelten de la mano
tengo miedo de extraviarme.

Reivindicación de Eva

I.

Llueve y llueve sobre los rostros,
mientras ellas pisotean infinitos charcos
donde el agua se mezcla con la sangre.

Huele a muerte esta noche
ríos de fluidos se revuelven
frente a los pies indiferentes
de aquellos ocupados solo
en formar parte de esa humedad.

Yo me siento en las aceras
a contemplar los trajines
sin ánimo de huir
sin perder ni un detalle
que pase ante mis ojos.

Espero por el fin de los aguaceros
devenidos en diluvios interminables
cuyo inicio se ha olvidado.

Nadie volverá a sentarse en los quicios
para que permanezcan vacíos
del descanso de los otros.
Me dan ganas de invitar a todos
a sentarse a mi lado
para sin espanto contemplar
la calma de un destino

que nos sobrevendrá
igual a los más duros días del pasado.

II.

Todos los escándalos
se vuelven apagados silencios,
árboles preñados de manzanas
con miles de evas que asechan
sentadas en las raíces.

Ellas parlotean sobre los finales
y los advenedizos masculinos
que vienen por su fruta
y salen despavoridos
al descubrir su desnudez.

Pero una de ellas permanece
muy callada para no ser descubierta
entre tanta multitud
de sexos similares.
Sus senos no son reales
y su vagina está forrada
al interior por su otrora viril miembro
que algún divino cirujano
dispuso con cuidado.

Ella solo espera
a los mancebos
para alertarlos
entre gestos o mimos
discretos

mientras sus compañeras
ofuscadas
no perciben su labor.

III.

De nada ha servido
ahuyentar a los mancebos
por siglos infinitos
aquí están
todas ustedes ahora
en los finales
mientras yo sentado
me baño en la tierra
con mis lágrimas.

IV.

Si Eva fue imagen
de Dios Padre,
hombre,
varón,
ella usó maquillaje
modificó sus pechos
se abrió las entrañas
para darle cobijo
a sus compañeros.

Cada mujer es
un poco hombre
y un poco Dios Padre
e infinito compañero
travestido.
Hay muchas evas detrás de los manzanos.
Vivimos presos de un mundo
irremediablemente
masculino.

Flete

I.

No es la noche
sino los varones que se esconden
en las esquinas
sinuosos
esperpénticos a veces
blandiendo corazones otras.

No es la falta de pudor
          ese ha muerto con todas las abuelas
es la pose impalpable
o el gesto hierático
que se abre como las puertas del autobús.

Oscuro es el roce
y la palabra y el bastón de mando
y aquellos que se sienten dueños de todos los destinos
intocables en todos los momentos,
parte de LA HISTORIA que no más que una historia.

II.

Ahora todo es en la web, a través del chat,
de fotos compartidas, de perfiles meditados,
de localizadores de distancia,
de ubicaciones geográficas.

Nunca más las miradas
se reconocerán furtivas
entre tanta retórica textual,
indescifrables códigos de respuesta
de la web al celular.

Repetidos *coffee dates*
en las cuales el rostro
es siempre el mismo
y las conversaciones
conducen a ese sitio
donde el texto
ya no importa.

Omnisapientes

I.

En momentos como estos
en que las putas pueblan las calles,
siento que tanta clase de paleografía
tantas conferencias tediosas
sobre las abreviaturas manuscritas
en latín novohispano
han valido la pena.

Ahora que ellas me miran
sin importarles la velocidad
con que transcribo
un antiguo documento
y están solo a la espera de una invitación
de una cerveza o de un rapidito en las esquinas.
Las putas sí saben escuchar
por eso lo conocen todo
uno abre la boca y parlotea
y ellas fingen sorpresa
pero ya lo oyeron todo.
Entonces uno repite como una noria
la historia que ellas bien conocen.
Las putas son sabias.

II.

Rodeado por las putas,
no en busca de sexo
más bien a la espera
de una escucha, de un buen oído
de la certeza de una madrugada
de divagar sobre un pasado
oculto tras los manzanos.

Volver al sitio de antes
y sentarte con los que ya no están,
con los pobladores de un pasado anónimo,
es igual a degustar el pozole envuelto
enfrente de aquella señora añosa
y encorvada de siempre.

Despierta.

Sister Margaret Farley

Después de leer *Just Love*

Saber a Pablo un hombre diferente
o releer con otros ojos
el pasaje de Sodoma y Gomorra
enciende nuevo fuego
en mis pupilas.

Sister Margaret,
tu email transfigura mi oficina,
los anaqueles llenos de libros,
los lápices, los bolígrafos,
las composiciones de los alumnos,
el reloj que se explaya hacia la Habana
y su Alameda otrora transitada.

Sister Margaret, vuelvo al ebook
después de haber subrayado en rosa,
en rojo, en naranja, en amarillo,
en verde, en turquesa, en azul y en violeta.
Ya no me quedan colores para otra relectura,
vuelvo una y otra vez a las páginas
que reconcilian con la letra del pasado.

La tradición se abre como un velo
y siento el olor del Mar Egeo
asfixiando mi oficina.

Muchachas desde la ventana de Laura en Segovia

I.

Muy jóvenes las dos se miran con deseo
mientras cada una sostiene leve su flauta
mueven los dedos con una agilidad viril
los viandantes con la misma sorpresa de oír.

Al mediodía a las sombras de las vetustas casas
en una calle estrecha y ventilada se detienen
sus fálicas falanges describen trazos en el aire
un Vivaldi masculino en flautas de mujer.

Rompen las notas
con sus dedos y sus uñas cortas.
Un atento observador
podría descubrir su obscena función
ese escándalo de sexo
revelado en cada golpe de flauta
en cada giro de cabeza.
Las faldas despistan al público
el hilo hindú las hace aéreas
pero no son suficientes
para acallar el escándalo de sus manos.

II.

Tras las muchachas,
si me asomo a la cocina,
oigo la voz musitando
un padrenuestro
que intercala avemarías.

Y me asomo a la ventana
pero solo alcanzo a ver
la casa derruida de enfrente
desolada y en pedazos.

La voz regresa en las mañanas
se vuelve compañera de cada desayuno
cada huevo revuelto, cada café servido.
La voz se vuelve letanía, sonido sin fin,
vacío, sin sentido, las palabras se ensordecen,
dejan de hablarnos, se vuelven solo ruido.

III.

A San Juan de la Cruz

Ahora es tiempo de recorrer las calles
infinitas cuando se anda en medio del sol
bordeando murallas, se mira un roce en pasado,
llegar al puente donde otrora me elevaron en andas
para terminar sentado junto a ti,
con el propósito de que ahora mis palabras
no se enmudezcan por la repetición
por esa tercera vez que vengo a verte
que ojalá fuera como nuestra primera vez,
los dos solos hablándonos
solo con mirarnos
al mismo tiempo
aquellas muchachas
tomadas
de las manos
oran.

En un bar con Ashraf Fayadh

A Antón Arrufat Mrad

Recita tus versos para tus amigos íntimos
ocúltate mientras los vecinos
espían tras las persianas.
Si te reúnes para lecturas públicas,
nunca alces la voz o te muevas bruscamente.

Tras cada columna, cada muro,
indiscreta mirada, se esconden los poetas
celosos de tus palabras, del ritmo de tus versos,
para volverse cazadores de apostasías,
fotos tomadas con muchachas,
traducciones foráneas.

Sabes que tu vecino te vigila
escribe largos memorándums
informes interminables
literatura burocrática
para saciar el apetito de los funcionarios
que la disfrutan más que la televisión
o curiosear en las cuentas de Facebook
o de Youtube o de email de los poetas.

Vecinos, paseantes en la calle,
meseros en los restaurantes,
cajeros en las tiendas

disfrutan de acercarse a los policías de la fe
y compartirles tus más mínimos detalles.
Disfrutan su camino
al encuentro con los guardianes
mientras recrean tus peripecias,
conservan y articulan pequeñas anécdotas,
sentencias pronunciadas,
gestos faciales
o ligeros movimientos de las manos.

Ven al bar a tomarte una copa,
sírvete un té de hierbas,
golpea una y otra vez
el vaso de cristal sobre el mosaico,
mueve de arriba abajo la tetera,
sirve el agua caliente con la misma gracia
con que lo hacías de niño
cuando no sentías aún
el peso de las miradas ajenas.

Me hubiera gustado emborracharte
compartir contigo vasos de whisky
sin hielo, sin agua tónica, sin palabras
solos tú, yo y el trago seco
sin el temor de ser observados
o del Ramadán
o de saltarse las horas de rezo.
Quiero compartir el pan árabe,
las aceitunas o el aceite.
Ojalá que todo ese silencio
llene los vacíos de un trago a otro
ebrios de alcohol y no de gozo.

Glosando mis libros de estudio*

---

*   Al modo de Nicolás Guillén.

Puertorriqueñxs

I.

Mamá está viva

Ángel Lozada

Sí, mami, también quisiera,
como mis tías, ir desde Hialeah
o desde Tampa hasta La Habana
besar la tierra y prometerte
que sembraré con tus cenizas
magnolias en el jardín de una casa
que no tengo y que tal vez nunca exista.

El destierro vaginal
llorado en mis primeros años
se ha vuelto ahora
apetito por recrear
un espacio que ya no existe
sino en mi memoria.

De tus brazos, a la escuela,
de ahí a La Habana,
para después percatarme
que la madre tierra, o tú misma,
mi matria
me abandonó
en todos los exilios.
Inútil es mi empeño
en cubrir las paredes

con litografías,
porcelanas
y un pasado
que nunca fue el nuestro.

II.

> Espera todavía hasta el ahogo,
> cuando comiencen los levantamientos
> de armas licenciosas.
>
> Daniel Torres

Espérame
sentado en el quicio de la puerta
las abuelas parlotean
mientras juego a las bolas
con solo dos de ellas.

Huele a mar,
a fritangas,
a papas rellenas de octogenarias
y llegas con un gesto de sorpresa
desarmado
frente a una espera.

Muerde los labios
sangra y píntate la boca
pretendes quererlo
pero realmente
quieres mil colores
cubriéndote la cara
que te tapen la mirada
y el rubor de descubrir mi espera.

III.

con el sol oculto, enjuto entre los dos
dejaré a los ojos que pronuncien mil retratos

Gaddiel Francisco Ruiz Rivera

Silencioso Judas se le acerca
al Maestro por la espalda
y lo besa en el cuello frente a otros
pero nadie repara en ese gesto.

Nadie entiende ese sol oculto
entre los dos y los miles de retratos
repetidos entre el hastío de un roce
lleno más de gracia que de traición.

Tan poco espacio entre dos cuerpos
solo puede ser una idea repetida.

IV.

> Todos los polvos suaves
> de todos los caminos se congregan en mis pupilas
> para deliberar sobre mi caso desahuciado.
>
> Mayra Santos Febres

Ir desde San Juan a Santo Domingo
cantando por todos los bares
haciendo dúos con muchachos
entre lentejuelas, tacones, plumas.

Me emborracho con todos
y bailo sin pudor
después de medianoche
cuando las luces
se vuelven sombras
entre los tragos.
No me importa lo que piensan las vecinas
si me dicen Selena o si me celan
detrás de las ventanas y por las escaleras.

Ya me iré a bailar a Miami,
o a New Orleans, o a Veracruz,
o a La Habana pero me iré sin ellas.

V.

A propósito de dos personajes de *Mundo cruel*,
de Luis Negrón

Los muchachos quieren ver bailar a los varones
más que verlos sentados en los bancos
mientras hablan de pelota
o se rascan sin pudor.
Los muchachos se pasean
una y otra vez frente a los bancos
en los que nunca se sentarán,
deambulan con aparente desgano
sin que nadie perciba su presencia.
Ellos vigilan los varones
hasta que los ven abandonar las aceras,
oliendo a alcohol,
y los ven torcer por las esquinas
o aventurarse por los parques desiertos
y se presentan ante ellos al descuido
para invitarlos a otro trago
de ron con leche de coco.

Los muchachos se adueñan de las noches.

VI.

> Yo era el arbusto en llamas
> inmolado en nombre de un dios
> que abandona en nombre de los saltos de fe,
> falso dios, imaginado dios, y real.
>
> David Caleb Acevedo

Ellas no solo copulan en los bosques,
perdidas entre los matorrales,
lo hacen también en las esquinas,
en los baños públicos
a la vista de todos
sin ningún pudor,
con los mulatos,
los indios y los chinos
los africanos y los irlandeses.
La entrega no existe para ellas
mas se dejan poseer
sin que nada ni nadie
pueda evitar semejantes abandonos
no se poseen a sí mismas
todos se adueñan de ellas cuando quieren
son propiedad pública, bien comunitario,
la primera posesión compartida del pueblo
en una sociedad comunista.

¿Cubanxs? Y cubanxs

I.

> I am near the ocean again. Each day I say, I must
> go, I must hear the waves, I must go taste the
> salt. But every day something keeps me from
> the beach.
>
> Ruth Behar

Me he olvidado del mar
no lo necesito, no lo recuerdo.

Cuando quiero sentir el infinito
me tumbo en el jardín a ver las estrellas
o enciendo el auto, pongo gasolina
y manejo y pongo otra vez combustible
una y otra vez hasta el cansancio.

No extraño el mar, ni el malecón,
ni esas noches de verano
acompañadas de ron caliente,
reggaetón, danzantes sobre el muro
y la brisa.

Me digo que iré este fin de semana
pero pasará igual cada vez que me le acerco:
caminaré junto a él
sin verlo.
Le di ya la espalda para siempre
resuelto a vivir en tierra firme.

II.

> Never file your nails or blow-dry your hair –
> go to the barber shop with your grandfather –
> you're not unisex.
>
> Richard Blanco

Después de cortarte el pelo
casi a rape toda tu vida
descubres tu cabellera a los cuarenta
que es mucha, es muy negra
y es bonita.

Entonces entiendes la venganza.
El abuelo te hizo olvidarte
de las muchas opciones de peinado,
de tu propio cabello,
de los colores posibles.

En cada visita a la barbería
ese octogenario borró la idea
nunca un corte bien pensado
o preferir un barbero al otro.

Cada vez que te miras al espejo, lo maldices.

III.

I have no memory to know your name
I invent it all
A story told by rough hide
with hairs like palm trees

Emilio Bejel

Una maleta de cosas reemplazables
para darle la espalda a mi pasado
y contarlo una y otra vez
a cada nuevo amigo, a cada nuevo amante
sin fotos, sin cartas o postales,
sin amigos de la infancia.

Nadie da fe de lo que cuento
ningún recuerdo me acompaña
por eso no importa si los invento o no
para ti siempre serán lejanos
ya no tengo ni mi nombre
lo he cambiado por el tuyo.

IV.

Confieso, también,
que no soy Borges
ni siquiera Neruda
y mucho menos aún José Ángel Buesa
pero confieso, igualmente,
que los envidio, los imito,
los escruto y no los admiro.

Si yo fuera ellos
tal vez lo gritaría
parado en las ventanas abiertas
de los bosques solitarios.

Aunque de algo sí estoy seguro:
si fuera ellos,
nunca lo sabría.

V.

> Padre, si usted fuera mujer
> entendería las razones
>
> Carlota Caulfield

Los modistos
amanecen con las marcas
del lápiz labial que no enciende más
los rostros sombríos.

Nada traerá el brillo de antaño
ni recorrer las tiendas hasta el infinito
ni las múltiples horas de entradas
y salidas al probador
ni las opiniones de las amigas
cada día más impertinentes
y menos celosas de glamour.

Cuando llega el hastío de las tiendas,
de las revistas de diseño apiladas
junto a la puerta,
casi impidiendo su apertura definitiva.
Entonces todo comienza con un asomarse
al ropero para empezar a descubrir
las piezas nunca usadas,
las del olvido,
las de la memoria.

Si yo fuera mujer,
tampoco entendería las razones.

VI.

> Nada hay que temer, los chicos nada saben:
> no preguntan, no reclaman, no incomodan
> con ninguna impertinencia.
>
> Jesús Barquet

Caminas por el metro de Madrid,
mientras dos chicos barbudos
vociferan un saludo para ti incomprensible.
Peludos, escuálidos, te sonríen
y agitan sus manos en suave ademán.
Te hablan en árabe, te reconocen
llenos de sonidos y piel curtida.

No te perderás en los baños
escondido detrás de los vapores
y los moros hoy de moda en Sevilla
—marroquíes que vienen por el agua
y los sudores del verano.

Volverás cargado de las plazas
donde deambulan los sirios,
los jordanos, los palestinos,
los libios, los tunecinos, los egipcios
baratijas, gafas de sol, pañuelos rojos,
miles de mantas sobre el suelo.
Las mismas de tus ancestros.

Te has vuelto asiduo a los frutos secos

solo por ver a esos muchachos en las tiendas
repletas de frases sin sentido, entre risas y ojos negros.

Jóvenes muchachos en bandadas
fattoush, tzatziki, tabbouli,
babaghanouj, humus
y aceitunas caseras…

VII.

> What I've done is this: embraced chaos –
> studied the habits of the blind,
> their sixth sense, and Braille.
>
> Achy Obejas

Sí. Después de aprender
a quedarme mudo frente a ellos
me he quedado ciego
ya no los puedo ver
ni hablarles
solo sentirlos mientras usan mi cuerpo
escuchar su murmullo
de sandeces y de falsas codicias.
Los varones vuelven
una vez y la siguiente
como si mi silencio
llenara todos sus espacios.

VIII.

> La madre que ahora tengo conoce cabalmente
>   los exilios
> y los puede nombrar uno por uno
> en los claros arroyos de su cara
> si se mira al espejo recordándose.
>
> Alina Galliano

Madre, ahora tengo
todos los espejos
de frente a las paredes,
mientras hablamos por Skype
y compartimos un café.
Todos están mudos.

Juntos nos iremos al mar
a caminar entre la arena
a cantarle a Yemayá
mientras los angloparlantes
nos mirarán con asombro
al vernos juntos
nunca volvemos
sobre nuestros pasos en la arena.

IX.

> Tú eres la casa, la orilla,
> el mar que lo lleva a su destino
>
> Maya Islas

Eso mismo eres
pintada de naranja
aunque desentones
con el buen gusto de los vecinos
y las ventanas rojas
y el techo verde.
No importa
que los jueces y censores
emborronen cuartillas
vociferen
nos llenen de advertencias.

Ya estamos en la otra orilla
tú y yo, juntos en paz,
mirando a la policía del buen gusto.

X.

> Todos fueron adioses diferentes
> con moldes desplomados cuando una pasaba,
> turbios, oliendo a lluvia siempre.
>
> Magali Alabau

Yo no vengo a vengarte de Perseo
y no lo necesitas
aunque todas mis barbies
hayan sido explícitas lesbianas
que llenaban todas las esquinas.

No le digas adiós a las miles de cabezas
y a sus infinitos cuellos nunca mutilados
ni a sus petrificantes ojos que me miran.
Amiga, acá estoy espejo en mano
mientras leo en su reflejo tus poemas.

Más adioses se prenden de cada línea
y nuevos olores anteceden aguaceros
en vez de lluvias o lloviznas matutinas
y muchos otros textos se desploman
detrás de tu performance,
frente a tus ojos.

XI.

> You say tomato,
> I say tu madre;
> You say potato,
> I say Pototo.
>
> Gustavo Pérez Firmat

Seguro que Pototo y Filomeno
se sentaron frente al show
y vieron a Lucy reírse y hablar en español.
Ella es el espejo de Desi
es también su madre,
su madre patria,
su lugar de regreso.

Con toda seguridad
tanto Pototo como Filomeno
degustaron cada chiste
y el gesto infinito del exilio
en una nueva familia
preñada de viejos ritmos
ahora convertidos
en nostálgicas
nocturnas elegías.
No sé si Pototo y Filomeno
eran de un show que ya no existe
o solo son un juego de palabras
en el español de Lucy.

XII.

> Te has dado a la pasión de los espejos
> quijote de los mares
>
> Juana Rosa Pita

Hakuna matata
vamos a mirarnos en todos los cristales,
las vitrinas y los escaparates de las tiendas.
Quítame la ropa y desnúdate conmigo
leamos en voz alta
la carta de Quijote a Dulcinea.

No importa que nadie nos mire
y no podamos devolverle
la mirada a los intrusos
dueños de todos nuestros reflejos.

Sentémonos, el tiempo es suficiente
para posar frente a nosotros mismos.

www.ingramcontent.com/pod-product-compliance
Lightning Source LLC
Chambersburg PA
CBHW022012080426
42733CB00007B/575